AF204485

Einsterns Schwester

3

LOLA

Arbeitsheft

Vereinfachte Ausgangsschrift

Herausgegeben von
Roland Bauer, Jutta Maurach

Erarbeitet von
Redaktion Grundschule, München

Auf der Grundlage der Ausgabe von
Wiebke Gerstenmaier, Sonja Grimm,
Ursula Oswald, Annette Rothfuß

Cornelsen

Inhaltsverzeichnis

Ich bin Lola und ich helfe dir.

So kannst du mit den Heften arbeiten

Du machst alle
Seiten der Lernportion **1**:

zuerst im grünen Heft,	dann im roten Heft,	dann im gelben Heft	und dann im blauen Heft.

 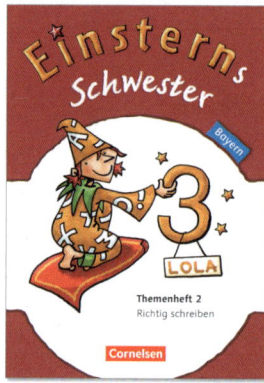  

Danach machst du in
allen Heften die Lernportion **2**.

Nun machst du in
allen Heften die Lernportion **3**.

Zu jeder
Lernportion
kannst du
im Arbeitsheft
arbeiten.

Genauso bearbeitest du
alle anderen Lernportionen.

Dieser Hinweis zeigt dir,
welches die passende Seite
im Themenheft ist.

1 Nomen untersuchen

1 Kreise alle Nomen ein, die Gefühle ausdrücken.

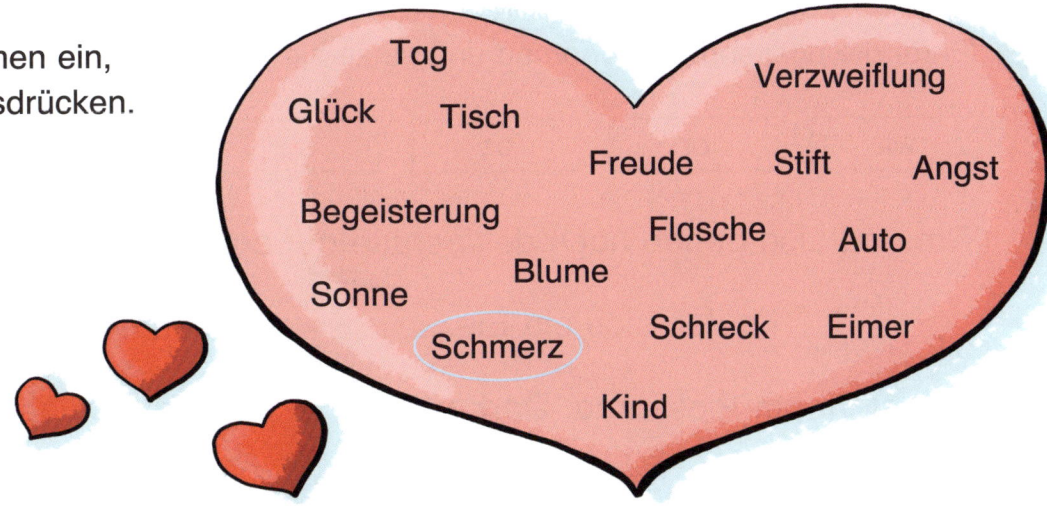

Tag
Glück Tisch
Verzweiflung
Freude Stift Angst
Begeisterung
Flasche Auto
Sonne Blume
Schmerz Schreck Eimer
Kind

2 Schreibe die eingekreisten Nomen von **1** nach dem Artikel sortiert in dein Heft.

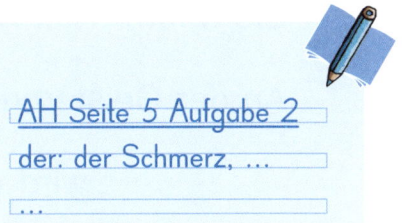

AH Seite 5 Aufgabe 2
der: der Schmerz, …
…

3 Suche dir ein Partnerkind.
Überlegt, welche Regeln für Nomen bei den angegebenen Wörtern passen. Kreuzt an.

| Aufregung | Heiterkeit | Dummheit | Ereignis |

◯ Ich kann einen Artikel vor die Wörter setzen.

◯ Ich kann die Mehrzahl bilden.

◯ Es handelt sich um Pflanzen, Menschen oder Dinge.

◯ Es handelt sich um Gefühle, Gedanken oder Ereignisse.

◯ Ich kann ein Adjektiv davorsetzen.

◯ Die Wörter enden mit -heit, -keit, -ung oder -nis.

Mein Lieblingsnomen ist Freundschaft.

4 Suche mit deinem Partnerkind andere Kinder.
Findet in der Gruppe weitere Nomen für Gefühle, Gedanken und Ereignisse.
Sammelt sie auf einem Plakat.

Pronomen passend eintragen

1 Finde die passenden Pronomen und setze sie ein.

wir	er	es	~~sie~~	es

Tim und Lisa gehen nach der Schule auf den Rummelplatz.

Sie kaufen sich ein Eis. [_____] schmeckt richtig gut.

Ben steht am Riesenrad. Dort will [_____] unbedingt

eine Runde mitfahren. Tim und Lisa gehen lieber zu den Boxautos.

Sie rufen: „Hier haben [_____] viel Spaß!"

An der Geisterbahn steht ein kleines Mädchen und weint.

[_____] wird von seinem Vater getröstet.

2 Setze die passenden Pronomen ein und unterstreiche die Wörter,
die durch die Pronomen ersetzt werden.

Jeden Morgen geht <u>Tim</u> mit Lisa zusammen zur Schule.

Jeden Morgen geht [*er*_____] mit Lisa zusammen zur Schule.

Frau Maier führt um diese Zeit immer ihren Hund an der Leine aus.

[_____] führt um diese Zeit immer ihren Hund an der Leine aus.

Beim Bäcker kaufen die Kinder noch eine frische Semmel.

Beim Bäcker kaufen [_____] noch eine frische Semmel.

Die Semmel kostet 30 Cent. [_____] kostet 30 Cent.

Meine Freundin und ich haben heute noch Schwimmunterricht.

[_____] haben heute noch Schwimmunterricht.

Wörter in Sprechsilben gliedern

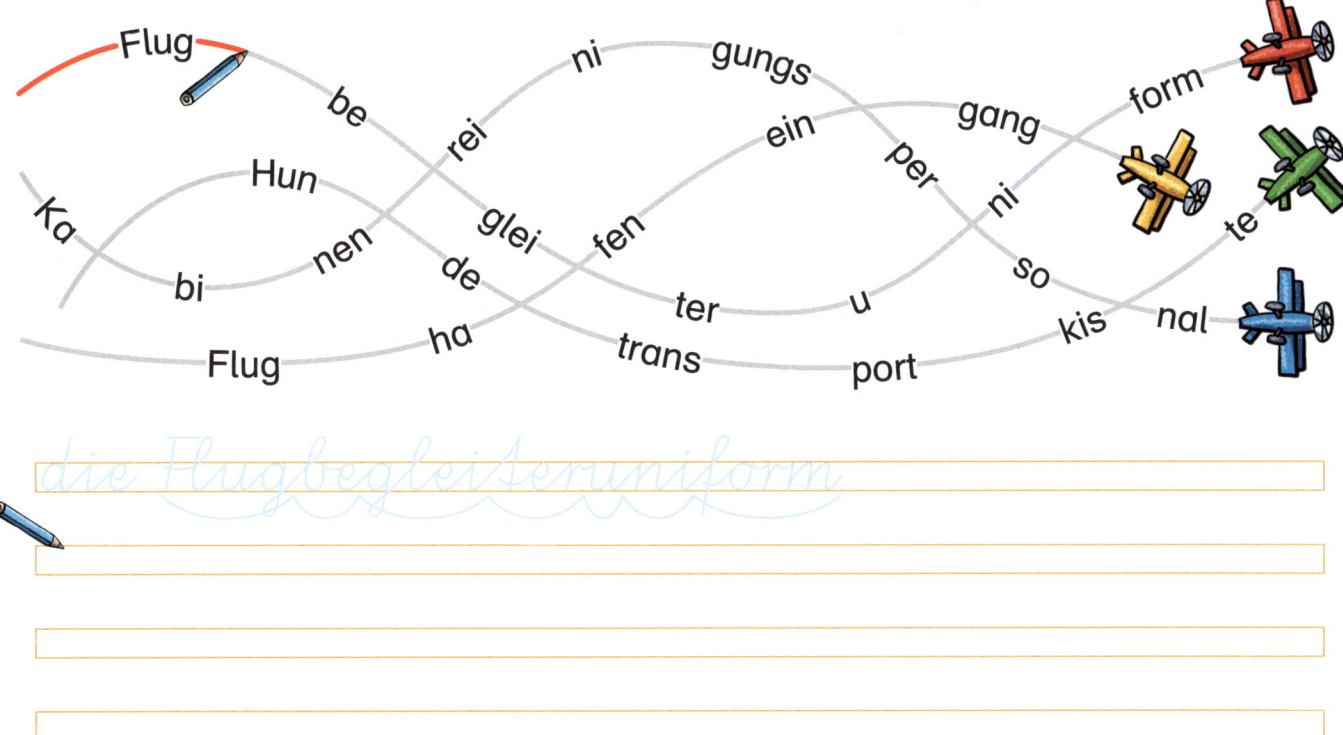

1 Spure die Linien mit verschiedenen Farben nach. Schreibe dann die Wörter mit dem passenden Begleiter auf und zeichne die Silbenbögen ein.

Flug — be — rei — ni — gungs — ein — gang — form

Hun — glei — fen — per — ni — te

Ka — nen — de — ter — u — so — kis — nal

bi — ha — trans — port

Flug

die Flugbegleiteruniform

2 Setze die fehlenden Silben ein. Löse zusammen mit deinem Partnerkind.

Heute wer de ich zum ers Mal mit nem Flugzeug fliegen.

Ich hal meine Ta ganz fest.

Den Koffer ben wir schon Schalter auf geben.

Wir gen Si heitsgurt an.

Das zeug hebt ab. In nem Bauch kribbelt .

Ich be einen Fens platz und kann al gut sehen.

Wie schön Welt von o aussieht.

Silben sprechen und Wörter richtig trennen

1 Zeichne die Silbenbögen der Sprechsilben ein. Kreise alle 13 Nomen ein.

Meine Oma ist sehr tierlieb. Sie nimmt alle Tiere bei sich auf,

die alt oder krank sind und kein Zuhause mehr haben.

Jeden Winter kümmert sie sich um kleine Igel,

die die kalte Jahreszeit sonst nicht überleben würden.

Zurzeit gehören zwei Hasen, eine Ziege, eine Amsel,

eine Fledermaus, ein eigensinniger Esel und sogar

ein Uhu zu ihrem Zoo.

Achtung!
Ein Buchstabe darf nie
allein stehen!

2 Ordne alle Nomen von Aufgabe **1**.

a) Diese Nomen kann ich trennen:

die Tie-re,

b) Diese fünf Nomen kann ich nicht trennen:

die Oma,

1 Ein Lerntagebuch ergänzen

1 Lies Olivias Eintrag im Lerntagebuch und
ergänze die Felder mit den passenden Zeichen ☺, ☺, ☹.

Datum	Lerninhalt	☺	☺	☹
08.10.	Wir rechnen Plus und Minus bis 1 000. Das ist ganz einfach, weil wir nur runde Zahlen rechnen, zum Beispiel 500 + 100 oder 900 – 40. Das ist so ähnlich wie mit Zehnern rechnen.	☺		
08.10.	In Deutsch haben wir einen Text ge-lesen und dazu Fragen beantwortet. Eigentlich ist das nicht so schwer, aber manchmal finde ich bei den Fragen die Stelle im Text nicht.			
08.10.	In Kunst malt jeder sich selbst. Das ist schwierig, ich sehe mir gar nicht ähnlich!			
09.10.	In Sport machen wir gerade Muskel-training. Wir haben Übungen von ganz leicht bis schwer gemacht. Ich konnte auch die ganz schweren Übungen super.			

2 Überlege dir ein Wochenziel für Olivia.
Vergleicht es in der Gruppe.

Das Wochenziel:

Lesen üben – genaues Hinsehen trainieren

1 Lies den Text einem Partnerkind vor, ohne das Heft zu drehen.

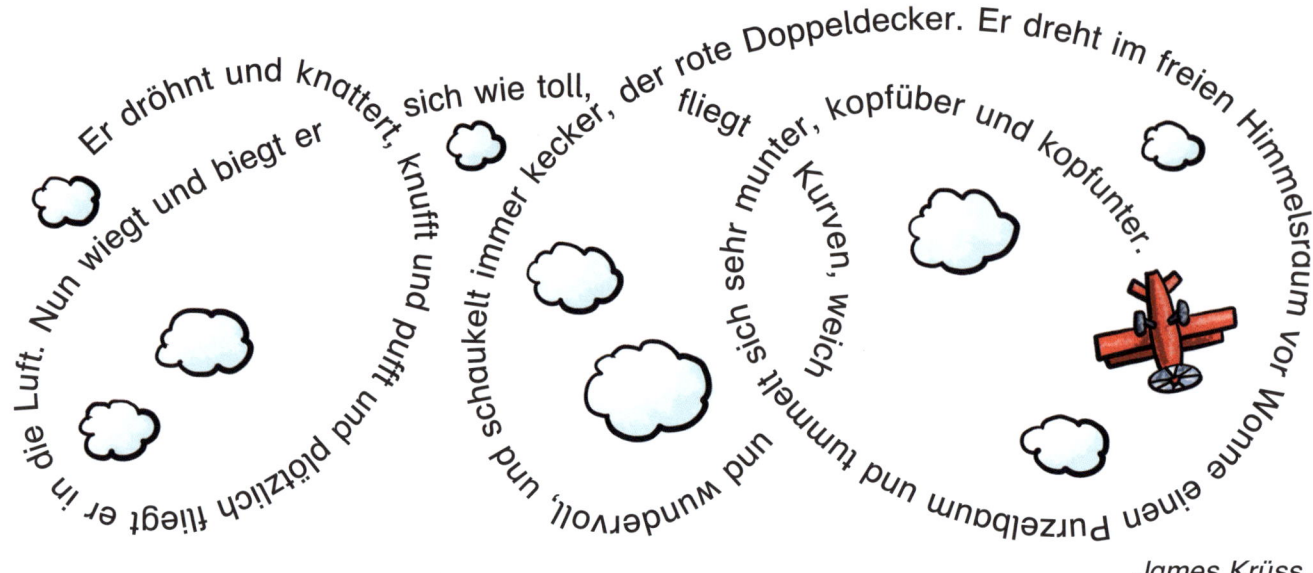

Er dröhnt und knattert, sich wie toll, der rote Doppeldecker. Er dreht im freien Himmelsraum vor Wonne einen Purzelbaum und tummelt sich sehr munter, kopfüber und kopfunter. Kurven, weich und wundervoll, und schaukelt immer kecker, fliegt er in die Luft. Nun wiegt und biegt er und pufft und pufft und plötzlich fliegt er in die Luft.

James Krüss

2 Suche im linken Feld die Zahl 1 und schreibe sie im rechten Feld
in das richtige Kästchen. Suche danach die 2, anschließend die 3 usw.

3 In dem Wortgitter stehen 13 Wortpaare und vier einzelne Wörter.
Finde möglichst schnell alle Wörter, die nur ein Mal vorkommen.
Streiche dazu die doppelten Wörter durch. Dein Partnerkind stoppt die Zeit.

Eimer	gähnen	er	das	oft
das	Eimer	viel	leben	Heimat
Wort	retten	Fluss	Name	los
viel	leben	Heimat	oft	Name
mager	er	Affe	mager	Fluss
Dreirad	bei	los	Dreirad	retten

1 Wortgruppen in einem Text finden

1 Lies den Text aufmerksam durch.

Karo Karotte

„Weißt du, was das ist, Karoline?", fragt mich Dr. Fröhlich
mit ernster Miene und tippt mitten auf den Bildschirm.
„Nö." Außer ein paar verschwommenen Wolken kann ich
beim besten Willen nichts erkennen. „Das ist der Beweis dafür,
5 dass du ein kleines Brüderchen bekommst." „Ein was?"
Ich reiße entsetzt die Augen auf. „Sie meinen …" Er nickt und zeigt wieder
auf den Bildschirm. „Wenn das kein Junge ist, fresse ich mein Stethoskop."
„Oh nein!" Ich bin geschockt. „Das darf ja wohl nicht wahr sein.
Ich bekomme einen Bruder! Igitt!" Dr. Fröhlich verzieht keine Miene und
10 fährt weiter mit dem Ultraknalldingsbums auf Mutters dickem Bauch spazieren.
„Warum hättest du denn lieber ein kleines Schwesterchen?"
„Weil eine Schwester ein Mädchen ist, darum!", brumme ich.
Meine Mutter zeigt lächelnd auf ihren Bauch. „Vielleicht ist der da drin
ja ganz nett." „Blödsinn! Nette Jungs gibt es nur im Fernsehen."
15 Ich streichle ihren Arm. „Du tust mir leid", seufze ich. „Wieso?"
„Weil du seit acht Monaten einen Jungen mit dir rumschleppst.
Kein Wunder, dass dir immer schlecht ist …"

Christian Bieniek

2 Markiere die folgenden Textstellen.

a) „… ein paar …"

d) „… einen Bruder …"

b) „… die Augen …"

e) „… darum …"

c) „… Junge …"

f) „… Fernsehen …"

3 Schreibe auf, wie es für dich wäre,
einen Bruder zu bekommen.
Was denkst du? Was fühlst du?

AH Seite _11_ Aufgabe _3_

…

2 Verben erkennen, Grundform bilden

1 Unterstreiche im Text alle Verben und trage sie in die Tabelle ein.

Das Fußballturnier

Heute gehen Samira und Jonas nach der Schule zu einem Fußballturnier.

Schnell steigen sie auf ihre Fahrräder. Auf der Straße gibt es viel Verkehr.

Sie biegen um die nächste Kurve. Da passiert es. Jonas rast zu schnell

um die Ecke und stürzt vom Fahrrad. Samira sagt: „Du blutest am Knie.

Ich habe ein Pflaster dabei." Jonas antwortet: „Wie gut, dass wir immer

einen Helm auf dem Kopf tragen."

Personalform des Verbs	Grundform des Verbs
sie gehen	*gehen*

2 Unterstreiche den Wortstamm der Verben in der ersten Spalte.

2. Wörter mit doppelten Konsonanten schreiben

1 Im Puzzleteppich haben sich elf Wörter versteckt.

a) Streiche zusammengehörende Silben durch.

mer	jog	ger	Schram	Sinn	don	hop	Bal	rollt
dop	lon	Klam	rennt	löf	Tref	nett	Pfan	fer
Bag	pelt	nern	gen	Biss	feln	ne	me	pelt

b) Setze die Silben zu Wörtern zusammen und schreibe sie auf.

Bal-lon

2 Löse das Rätsel und mache durch Verlängern den doppelten Mitlaut hörbar.

Gegenstand zur Haarpflege: K a m m *Kämme*

Fällt im Herbst vom Ast:

Funktioniert nicht mehr:

Gegenteil von hungrig:

Nicht gerade:

Gegenteil von klug:

2. Eine Wörtersammlung erstellen

1 Betrachte das Bild.

2 Ergänze Wörter zu diesem Bild. Notiere das Thema.

Thema:

Erde, Galaxie, Sternbild,

3 Ordne die Wörter den richtigen Oberbegriffen in der Tabelle zu.

Zugbrücke   Scheune   Turnier   Sprungturm   Badehose   Traktor

Rüstung   Stalltür   Burg   Wasserrutsche   Heu   Bademeister

Bauernhof	Schwimmbad	Ritter
		Zugbrücke

2. Oberbegriffe verwenden

1 Sammle weitere Oberbegriffe zum Thema **Zoo**.
Trage sie in den Cluster ein und finde Wörter zu den Oberbegriffen.

Eisbären

Braunbären

Du kannst den Cluster natürlich auch erweitern.

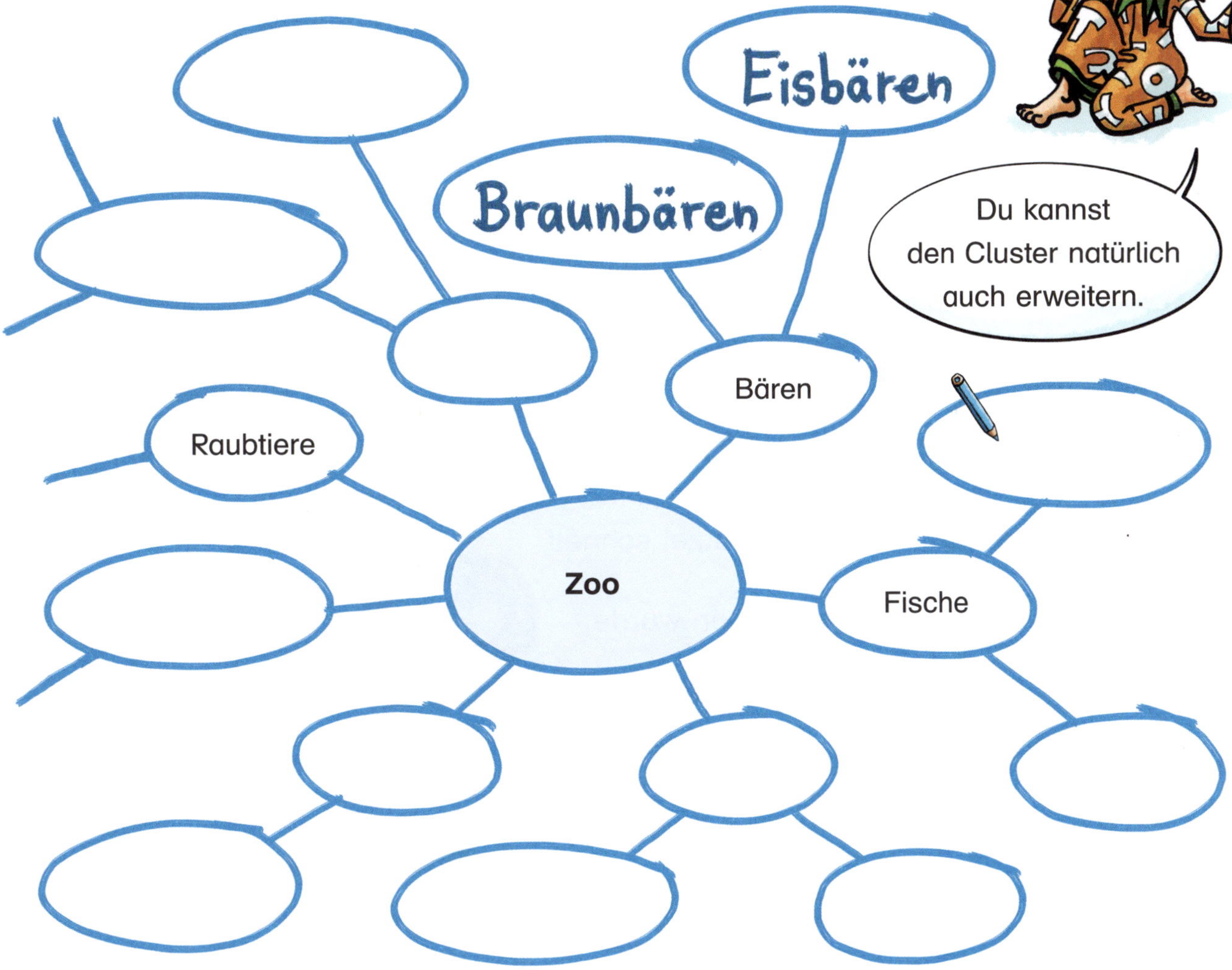

Bären

Raubtiere

Zoo

Fische

2 Wähle einen Oberbegriff aus. Schreibe mithilfe des Clusters einen kurzen Text.

3 Suche dir ein Partnerkind. Vergleicht eure Texte: Findet Gemeinsamkeiten.

2 Wichtige Wörter suchen

1 Finde mithilfe der Wortrahmen die wichtigen Wörter heraus und rahme sie ein.

Die Bretzel oder Brezl, auch Breze oder Brezn, ist eine

Gebäckform, die vor allem in Süddeutschland bekannt ist.

Alle Wortbildungen leiten sich von „brachium" („Arm"

auf Lateinisch) ab. Und die Form der Bretzel erinnert auch

5 wirklich ein bisschen an verschränkte Arme. Früher

wurde manchmal so gebetet. Als „heiligem Gebäck"

schrieb man ihr besondere Segenskräfte zu.

Kein Wunder also, dass die Bretzel schnell

ins Bäckerwappen aufgenommen wurde.

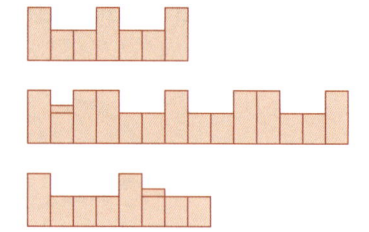

2 Finde nun selbst wichtige Wörter und rahme sie ein.

10 Die Bretzel wurde früher ausschließlich in der Fastenzeit

gebacken, also in den 40 Tagen vor Ostern. Das Bretzel-

backen war nämlich sehr aufwendig. Eine Legende erzählt,

dass die Bretzel so erfunden wurde: Ein Bäcker wurde

einmal zum Tode verurteilt. Er durfte aber weiterleben,

15 wenn er etwas backen würde, durch das die Sonne dreimal

scheint. Das ist ihm mit der Bretzel gelungen. Die Bretzel

kommt im Bairischen noch in vielen anderen Zusammen-

hängen vor. Weißt du was passiert, wenn es dich „zerbrezlt"?

Oder zu welchen Gelegenheiten man sich „aufbrezelt"?

2. Wichtige Wörter markieren und schreiben

1 Lies den Text. Worum geht es vor allem?
Markiere wichtige Aussagen und/oder schreibe
Stichwörter an den Rand.

Sprachen der Welt

Weißt du, wie viele Sprachen auf der Welt gesprochen

werden? Es sind wohl zwischen 6 000 und 7 000.

Die am häufigsten gesprochene Sprache ist Mandarin-

Chinesisch, darauf folgt Englisch und dann Spanisch.

5 Deutsch liegt auf Platz 10. Viele Wissenschaftler vermuten,

dass es eine gemeinsame Ursprache gibt, aus der sich

alle Sprachen und Dialekte entwickelt haben.

In Zukunft werden aber wahrscheinlich viele Sprachen

und Dialekte wieder „aussterben". Warum? Die Menschen

10 vernetzen sich auf der ganzen Welt und müssen sich in

einer Sprache verständigen. Je größer und stärker das

Netz wird, umso weniger wichtig werden andere Sprachen.

2 Schreibe in einen oder zwei kurzen Sätzen auf, um was es in dem Text geht.

3 Suche dir andere Kinder.
Besprecht den Unterschied zwischen einem Dialekt und einer Sprache.

2. Wörter eines Textes erklären

Schwimmtag *Rolf Krenzer*

Sylvia und ihre Freundinnen tummeln sich im Wasser, spritzen sich nass und

schwimmen um die Wette. Anschließend liegen sie auf der großen Liegewiese

und sonnen sich.

Plötzlich stutzt Sylvia. Ein Mann führt einen Jungen mit beiden Händen. Er geht

5 sehr ungeschickt. Würde ihn der Mann nicht festhalten, müsste er bestimmt fallen.

Der Mann setzt den Jungen vorsichtig auf den Rasen. Dann breitet er eine Decke

aus und hebt den Jungen behutsam drauf. Der Junge hilft, so gut er kann.

Er hat eine Behinderung und kann sich nicht alleine ausziehen. „Ich hole noch

die Tasche!", sagt der Mann und geht mit schnellen Schritten davon.

1 Hier sind Wörter aus dem Text näher erklärt.
Kreuze die passende Erklärung an und setze das Wort ein.

a) Zeile 4: „stutzt" heißt auch:

◯ abschneiden   ◯ hinfallen   ⊗ aufmerksam werden

Plötzlich *wird* Sylvia *aufmerksam*.

b) Zeile 1: „tummeln sich" heißt auch:

◯ stolpern   ◯ toben   ◯ ausruhen

Sylvia und ihre Freundinnen ⬚ im Wasser, …

c) Zeile 5: „ungeschickt" heißt auch:

◯ gemütlich   ◯ schnell   ◯ umständlich

Er geht sehr ⬚.

d) Zeile 7: „behutsam" heißt auch:

◯ schwungvoll   ◯ vorsichtig   ◯ leicht

Dann breitet er eine Decke aus und hebt den Jungen ⬚ drauf.

> Das Wort darf den Sinn des Satzes nicht verändern!

10 „Hallo!", sagt der Junge und lacht Sylvia an. „Klasse Wetter!" Da steht Sylvia auf

und geht zu ihm. „Warst du schon im Wasser?", fragt der Junge. Sylvia nickt.

„Es ist herrlich." Sie schaut den Jungen an, schluckt, sagt aber dann doch:

„Schade, dass du nicht schwimmen kannst!" Der Junge lacht. „Warte, bis mein Vater

wiederkommt!", meint er. Als Sylvia zu ihren Freundinnen zurückgeht, flüstert sie

15 Doris zu: „So einer wohnt auch bei uns in der Nachbarschaft. Das ist ein **Spastiker**."

2 Kreuze an, welche Erklärung für das fett gedruckte Wort passt.

⚪ Er kann nicht gut sehen und ist fast blind. Darum wird er geführt.

⚪ Er kann nicht gut laufen, da seine Arme und Beine sich verkrampfen.

⚪ Er kann sich nicht gut bewegen, da er eine Verletzung am Bein hat.

Inzwischen ist der Mann zurückgekommen. Er packt den Jungen mit beiden Händen

und führt ihn zum Schwimmbecken. Die Mädchen laufen hinterher. „Passen Sie auf,

hier ist doch das Becken für Schwimmer!", sagt Sylvia **vorwurfsvoll** zu dem Mann.

Der Mann lacht. Er hebt den Jungen hoch und stößt ihn mit Schwung ins Wasser.

20 Die Mädchen schreien auf. Der Junge **versinkt**. Dann kommt er wieder hoch.

Er **prustet**. Und dann schwimmt er. „Mensch, der kann ja schwimmen!", sagt Sylvia.

„Was dachtest du denn?", lacht der Mann und springt auch ins Wasser.

3 Der Junge in der Geschichte kann gut schwimmen.
Suche dir ein Partnerkind und sage ihm mindestens zwei Dinge, die es gut kann.
Sprich in ganzen Sätzen.

2 Antworten in einem Text unterstreichen

 1 Suche dir ein Partnerkind. Lest den Text im Lesetandem.

Afrika hinter dem Zaun

Wir wohnten in einem Haus. Die Tür war links und rechts war ein Fenster.
Die Nachbarn hatten das gleiche Haus wie wir. Und ihre Nachbarn auch
und ihre Nachbarn auch und ihre Nachbarn auch. Und das noch drei Mal.
Neben uns wohnte ein Mann, der Französisch sprach. Das hatte er so gelernt,

5 als er klein war und in Frankreich lebte. Wir sprachen kein Französisch,
aber das war nicht schlimm. Der Mann war nie lange daheim. Er war immer
irgendwo unterwegs. In Länder, wo die Leute verstanden, was er sagte.
Der Mann, der Französisch sprach, hatte eine Frau, die auch etwas sprach.
Was sie sprach, wussten wir nicht. Irgendwas. Die Frau war schön braun

10 und hieß Désirée.
Das ist ein französischer Name, sagte meine Mutter.
Aber Désirée kam nicht aus Frankreich. Sie kam aus Afrika.
Hinter unserem Haus befand sich ein Garten. Unserer Nachbarn hatten den
gleichen Garten wie wir. Désirée baute ein Haus in ihrem Garten. Es sah aus

15 wie eine Hütte zum Spielen. Eine Hütte aus Lehm. Sie arbeitete tagelang daran.
Egal, ob es regnete oder nicht. Und ich schaute ihr tagelang zu. Egal, ob es
regnete oder nicht. Nach einer Woche lag eine Hartfaserplatte als Dach darauf.
Da sagte Désirée, ich solle über den Zaun klettern. Sie sagte es so, wie ich es
gesagt hätte. Ich lief hinter ihr her in ihre Hütte. Désirée hatte Tee für mich

20 gekocht.
Sie sagte: „Willkommen."
Der Regen trommelte auf das Dach. Das klang gemütlich. Aus Versehen stach ich
mit dem Finger in die Wand. Ich erschrak über das Loch, das ich gemacht hatte.
„Ihr Haus ist noch nicht trocken", sagte ich.

25 „Nein", sagte Désirée. „Aber warte einen Sommer, dann bekommt es keine
Planierraupe mehr kaputt. Meine Großmutter in Kamerun hat genauso eine
Lehmhütte wie diese. Sie wohnt schon ihr ganzes Leben darin."

„Werden Sie nun hier wohnen?", fragte ich.

Désirée lachte.

30 „Nicht wirklich wohnen", sagte sie, „aber ich will ab und zu hier sitzen, wenn ich
das andere Haus satthabe. Wenn ich mein Land vermisse. Denn manchmal habe ich
Heimweh nach meinem Land. Ich werde dir mal Fotos zeigen."

„Gut", sagte ich und trank von ihrem Tee. Fotos zeigen. Das bedeutete, dass sie
mich wiedersehen wollte.

35 Da sagte ich, dass ich sehr gut Löwen nachmachen konnte.

Bart Moeyaert

2 Unterstreiche mit der richtigen Farbe den Antwortsatz im Text.

a) **Wer** wohnt neben dem Erzähler?

b) **Woher** kommt die Frau des Nachbarn?

c) **Was** baut Désirée in ihrem Garten?

d) **Wie** macht der Erzähler ein Loch in die Wand?

e) **Wann** möchte sich Désirée in die Hütte setzen?

f) **Warum** hat Désirée die Hütte gebaut?

3 Der Erzähler sagt, dass er sehr gut Löwen nachmachen
kann. Schreibe auf, warum er Désirée das erzählt.

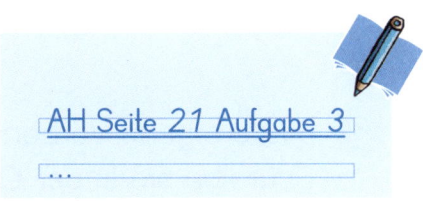

AH Seite 21 Aufgabe 3

4 Kennst du ein Kind aus Afrika oder einem anderen Land?
Kommst du selbst aus einem anderen Land? Befragt euch und erzählt.

3

Vergangenheitsformen von Verben zuordnen

1 Immer zwei Verbformen gehören zusammen.
Verbinde sie.

| sie schrieb | spielen | sie kochte | tragen |

| gehen | schreiben | er spielte | trinken |

| er ging | kochen | er trank | wir trugen |

2 Trage die fehlenden Formen in die Tabelle ein.

Grundform	Gegenwart	1. Vergangenheit
spielen	er spielt	er spielte
		sie kochte
	er geht	
lesen		sie
	du tanzt	
rechnen	ich	ich
	er trinkt	
tragen	wir	
	ihr kommt	
schreiben	sie	

3 Finde eigene Verben.
Schreibe sie in der Grundform, Gegenwart
und 1. Vergangenheit auf.

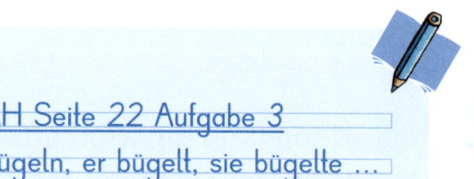

AH Seite 22 Aufgabe 3
bügeln, er bügelt, sie bügelte …

3

Kurzes i und langes ie unterscheiden

1 Sprich die Wörter in Silben. Verlängere einsilbige Wörter.
Male alle Felder mit Wörtern an, in denen das **i** lang gesprochen wird.

2 Prüfe, ob der Vokal kurz oder lang
gesprochen wird. Sprich in Silben
und verlängere, wenn nötig.
Setze dann **i** oder **ie** ein.

> Ein **lang gesprochenes i**
> wird fast immer **ie** geschrieben!
> Findest du zwei Ausnahmen
> im Text?

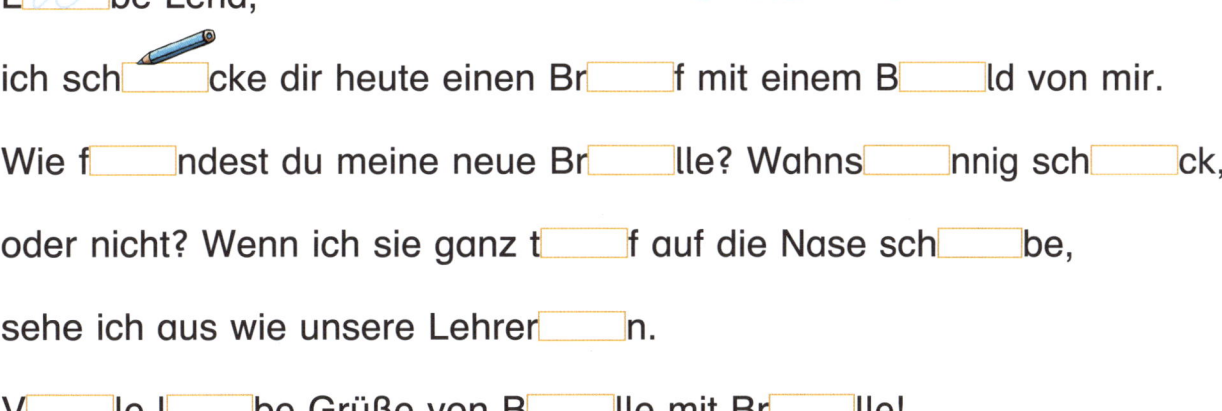

L___be Lena,

ich sch___cke dir heute einen Br___f mit einem B___ld von mir.

Wie f___ndest du meine neue Br___lle? Wahns___nnig sch___ck,

oder nicht? Wenn ich sie ganz t___f auf die Nase sch___be,

sehe ich aus wie unsere Lehrer___n.

V___le l___be Grüße von B___lle mit Br___lle!

3 Eine Handlung beschreiben

1 Beschreibe die Handlung auf den Bildern mit mindestens einem Satz.
Benutze unterschiedliche Satzanfänge.

So wasche ich meine Hände richtig

3. Ein Rezept schreiben

1 Hier sind eine Spielanleitung und ein Kochrezept durcheinandergeraten.
Markiere beide Texte in verschiedenen Farben.

Gedächtnisspiel bei Regenwetter / **Mozzarellastäbchen**

Ein Spieler beginnt und sagt den Satz: Du brauchst folgende Zutaten:
„Es regnet arme Ameisenbären." 1 Mozzarellakugel, 4 Scheiben rohen
Schinken, 1 Ei, Paniermehl, Pfanne mit Öl. Der Nächste wiederholt:
„Es regnet arme Ameisenbären" und fügt vielleicht hinzu: „und bunte
5 Blumen." Man schneidet den Mozzarella in acht gleich große Scheiben.
Dann umwickelt man den Mozzarella jeweils mit einer halben Scheibe
Schinken. Als Nächstes verquirlt man ein Ei und wälzt die umwickelte
Scheibe darin. Der Dritte wiederholt die beiden ersten Sätze und
fügt einen dritten an, diesmal mit dem Buchstaben C, z. B. „… und creme-
10 weiße Clowns." Schließlich wendet man die Mozzarellascheiben in Paniermehl. Das Spiel ist zu Ende, wenn ihr bei Z angekommen seid. Am Ende
brät man die Scheiben in der Pfanne auf beiden Seiten golden an.

2 Schreibe die Zutaten für die Zubereitung des Rezeptes richtig auf.

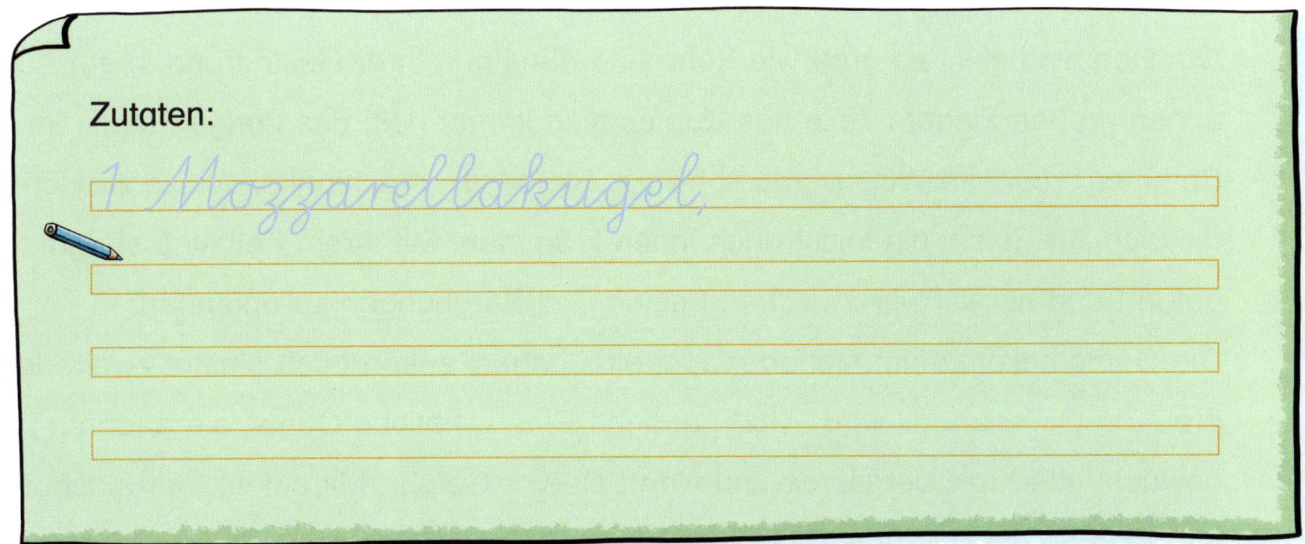

Zutaten:

1 Mozzarellakugel,

3 Probiert in der Gruppe das Spiel in ❶ aus. Bis zu welchem Buchstaben schafft ihr es?

3 Nach einem Text einen Steckbrief schreiben

1 Lies den Text.

Die Gams (oder Gemse, Gämse) ist ein
Säugetier und zählt zu den Paarhufern.
Sie kommt in Europa und Kleinasien vor.
Bei uns in Deutschland lebt sie zum Beispiel
5 in den Bayerischen Alpen und mittlerweile
auch wieder auf der Fränkischen Alb.
In Waldgürteln, aber auch zwischen steinigen
Felsen im Gebirge sucht sie nach Gräsern und Kräutern, Blättern, Knospen, Pilzen
und Wurzeln. Sie springt scheinbar mühelos zwischen Steinen umher und gilt als
10 sehr guter Kletterer. Dabei helfen der Gams ihre weichen Hufe, die sich jedem
Untergrund anpassen. Gämsen sind auch sehr verspielt – im Winter kann man
sie sogar beim Rodeln auf ihren Hinterbeinen beobachten! Weibchen und Jungtiere
leben ab dem Frühjahr gemeinsam in festen Herden, die etwa 15 bis 30 Tiere
umfassen. Die älteren männlichen Gamsböcke sind dagegen Einzelgänger.
15 Sie stoßen erst im späten Sommer oder Herbst zur Herde. Dann verjagen sie
jüngere Geißböcke.
Im Winter lösen sich die Herden auf oder vermischen sich mit anderen.
Gamsen sind etwa so groß wie Rehe und ähneln in ihrer Gestalt und ihrem Aussehen großen Ziegen. Teile des Kopfes sind immer hell, das übrige Fell ist im
20 Sommer braun, im Winter grau-schwarz. Sie besitzen schlanke, schwarze Hörner,
die sich zur Spitze hin leicht nach innen krümmen. Mit ihrem Fell sind sie gut
getarnt und nur schwer zwischen Felsen und Berghängen zu erkennen.
Die Gams bekommt im Mai oder Juni ein Junges, selten auch einmal zwei oder
drei. Ein Gamsjunges wird „Kitz" genannt. Eine weibliche Gams, die erfahren ist,
25 bewacht alle Kitze der Herde und warnt sie vor Gefahr. Mit einem Pfiff macht sie
die anderen auf Menschen, Luchse, Wölfe, Bären, Adler, aber auch auf herab-
rollende Steine aufmerksam. Sie bringt ihnen auch das Klettern bei.
Weibliche Gämse werden bis zu 20 Jahren alt, Gamsböcke erreichen etwa 15 Jahre.

2 Unterstreiche mit verschiedenen Farben im Text von **1**,
was du für den Steckbrief brauchst.
Trage deine Informationen in den Steckbrief ein.

Name:

Vorkommen:

Größe:

Alter:

Aussehen:

Nahrung:

Feinde:

3 Suche dir ein Partnerkind.
Erzähle ihm mithilfe deines Steckbriefes
etwas über die Gams.

4 Sucht euch noch andere Kinder.
Besprecht euch:
Welchen Vorteil hat ein Steckbrief
gegenüber einem Fließtext?

3 Zwei Gedichte entflechten

24

1 Hier sind zwei Gedichte durcheinandergeraten.
Unterstreiche mit zwei verschiedenen Farben, was zusammengehört.

Die Maus *(Kornelia Schrewe)*   **Die Wohnung der Maus** *(Johannes Trojan)*

Die Maus hat kleine Füße

und sehr kleine Ohren

Ich frag die Maus:

Wo ist dein Haus?

Die Maus darauf erwidert mir:

und sehr kleine Zähne.

Sag's nicht der Katz, so sag ich's dir.

Treppauf, treppab,

Sie hat dünne Schnurrhaare

und sehr dunkle Augen

erst rechts, dann links,

und dann gradaus –

und kann sehr schnell laufen.

Sie hat ein dunkelbraunes Fell

und einen sehr langen Schwanz

da ist mein Haus,

du wirst es schon erblicken!

und sie riecht sehr schlecht.

Die Tür ist klein,

Die Katze mag sie, wie sie ist.

und trittst du ein,

vergiss nicht, dich zu bücken.

Welches Gedicht gefällt dir besser?

  2 Suche dir ein Partnerkind. Jeder liest eines der Gedichte
laut und ausdrucksvoll vor. Du kannst auch in deinem Dialekt lesen.

3 Reimwörter einsetzen

1 Ersetze mit einem Partnerkind die Bilder und
die Tintenkleckse durch passende Reimwörter.

Probier's mal damit:

| Silbermöwe | leid |
| mich | vertreiben |
| Schnelle |

Theodor, der 🐙 *Tintenfisch*

schreibt einen langen Brief an 💧 ✏️ m_____ ,

schreibt eine Karte an Herrn 🐋 _____ ,

schickt auch Post an einen 🐍 _____ ,

schreibt ein paar Zeilen an den 🦁 _____ ,

gratuliert der 💧 _____ ,

und dann noch auf die 💧 _____

einen Gruß an Frau 🦌 _____ .

Wird wohl auch dem Nilpferd ✍️ _____

und sich so die Zeit 💧 _____ .

Tut er dir nicht richtig 💧 _____ ,

sieben Briefe zur gleichen 🕐 _____ ?

Detlef Kersten

3 Ein Märchen verstehen

1 Suche dir ein Partnerkind. Erzählt euch das Märchen vom „Rotkäppchen".
Nummeriert die Bilder in der richtigen Reihenfolge.

> Wenn ihr das Märchen nicht kennt, lasst es euch erzählen oder sucht es in einem Märchenbuch.

2 Ordne den Stichworten das passende Bild zu.

Im Wald, Wolf fragt: „Wohin?" Rotkäppchen pflückt Blumen.	„Warum hast du so große …?" – „Damit ich dich besser …!"	**1** Großmutter ist krank, Rotkäppchen soll Kuchen bringen. Hüte dich!
Jäger hört Schnarchen, findet den Wolf.	Jäger schneidet den Bauch auf, rettet beide.	Wolf will beide fressen, läuft schnell zur Großmutter, frisst sie auf.

3 Trage die Nummern der Bilder ein, die in Aufgabe **2** fehlen.
Schreibe selbst passende Stichworte dazu auf.

3 Einen Zeitungsartikel vervollständigen

1 Dieser Artikel soll in einer Schülerzeitung erscheinen. Lies noch einmal das Interview von Seite 18 im Themenheft und ergänze die fehlenden Wörter.

Traumberuf Tierpfleger?

Die Arbeit als Tierpfleger ist schön, aber auch ganz schön *an-strengend*. Ein Tierpfleger muss kräftig [   ]

können und bei Wind und Wetter [   ] arbeiten.

Einem Tierpfleger bleibt meist nur [   ], die Tiere

zu streicheln, denn er benötigt viele Stunden, um die [   ]

[   ] zu reinigen und die Tiere zu [   ].

Trotzdem ist ein gutes [   ] zu den Tieren wichtig,

damit sie sich z. B. beim [   ] nicht wehren. Um Tierpfleger

zu werden, muss man eine dreijährige [   ] machen.

2 Suche dir ein Partnerkind. Wählt einen Beruf, zu dem ihr gerne etwas erfahren würdet. Schreibt passende Fragen für ein Interview in eure Hefte.

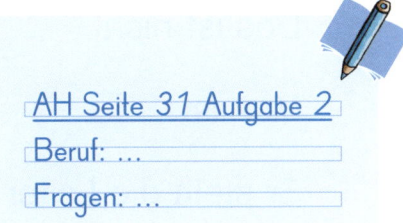

AH Seite 31 Aufgabe 2
Beruf: ...
Fragen: ...

3 Stellt euren Beruf und eure Fragen anderen Kindern vor. Ergänzt eure Fragensammlung mit Fragen, die den andern Kindern noch einfallen.

Welcher Beruf könnte mich denn interessieren?

4 Adjektive bilden

1 Ergänze die richtige Endung **-ig** oder **-lich** der Adjektive und schreibe sie auf.

spaß*ig* , feier_____ , sport_____ , fleiß_____

_____

2 Bilde aus den unterstrichenen Nomen im Text
jeweils ein Adjektiv mit **-ig** und **-lich** und trage es in den Text ein.

Max sitzt auf dem Baum und hat <u>Angst</u>.

Er ist mit <u>Mut</u> auf den Ast geklettert.

Nun ist die Leiter einfach umgefallen, obwohl kein <u>Wind</u> weht.

Das ist kein <u>Witz</u>.

Max hat <u>Glück</u>, dass Emre gerade vorbeikommt.

Er stellt die Leiter wieder auf.

Max sitzt auf dem Baum und ist _____ .

Er ist _____ auf den Ast geklettert.

Nun ist die Leiter einfach umgefallen, obwohl es nicht _____ ist.

Das ist nicht _____ .

Max ist _____ , dass Emre gerade vorbeikommt.

Er stellt die Leiter wieder auf.

3 Finde die passenden Nomen zu den Adjektiven.

eisig _____

saftig _____

kindlich _____

natürlich _____

4 Mit Adjektiven vergleichen

1 Setze in den Text die passenden Adjektive in der Grundform
oder in der Vergleichsform ein. Entscheide: **als** oder **wie**.

| schnell | tief | schlau | schwer | groß | winzig |

Ein Windhund kann fast genauso *schnell* laufen

wie ein Gepard. Der Blauwal ist [   ] [   ]

der Pottwal. Der Pottwal kann dafür [   ] tauchen

[   ] ein Kaiserpinguin. Manches Nilpferd ist in etwa

so [   ] [   ] ein Nashorn.

Der Rabe ist um einiges [   ] [   ] ein Huhn.

Eine Etruskerspitzmaus und die Hummelfledermaus sind

die kleinsten Säugetiere der Welt. Mit drei bis vier Zentimetern

ist die Etruskerspitzmaus in etwa so [   ] [   ]

die Hummelfledermaus.

2 Bilde selbst mindestens drei Sätze wie in **1**
in der Grundform oder Vergleichsform.
Lasse sie von einem Partnerkind überprüfen.

AH Seite 33 Aufgabe 2
Der Baum ist größer als ...

3 Setze passende Adjektive vor die Nomen.
Achte darauf, ob du sie anpassen musst.

Der *lustige* Clown macht viele Scherze.

Die [   ] Blume ist besonders schön.

Das [   ] Haus stand einsam auf einem Hügel.

Sie trug die [   ] Tasche zum Bahnhof.

4 Wörter mit b, d und g verlängern

1 Kreise alle Bilder der Wörter ein, die am Wortende mit **b**, **d** oder **g** geschrieben werden. Schreibe als Beweis das Verlängerungswort darunter.

| | *Zwerge* | | | |

2 Sophies Postkarte hat Flecken bekommen. Ergänze die fehlenden Buchstaben. Trage am Rand das Verlängerungswort ein.

Liebe Mia,

viele Grüße aus dem Urlau b .   *Urlaube*

Hier war es bis gestern sonni   und heiß.

Heute war es leider trü

und windi   .

Aber es gi   t viel anzusehen,

auch wenn Tobi lieber am Stran

lie   t.

Papa hat uns heute eine alte Bur

gezei   t.

Liebe Grüße, deine Sophie. ✿

4 Nomen mit ä und äu ableiten

1 Ergänze die fehlenden Buchstaben: **ä** und **äu** oder **e** und **eu**.
Schreibe die Mehrzahl und Einzahl in die Zeile dahinter.

die ✶len   *die*

die H✶ser

die Fr✶nde

die B✶cher

die R✶der

die ✶ter

die B✶lle

2 Fülle die Tabelle aus.

a) Suche das Blitzableiterwort oder die Verkleinerungsform.

Klein ist:	Groß ist:
das Äpfelchen	*der*
das Schnäuzchen	*die*
das Kälbchen	
	das Lamm
	die Taube

b) Trage selbst weitere Wortpaare ein.

4 Einen Zaubertrick kennen lernen und vorbereiten

1 Lies den Zaubertrick.

Beschreibung: Du stellst dich vor dein Publikum. In der einen Hand
hältst du zwei Luftballons, in der anderen Hand eine Nadel.
Hole dir einen Zuschauer aus dem Publikum und gib ihm einen
der Luftballons. Er soll mit der Nadel in den Luftballon stechen ...
5 und wie erwartet wird der Luftballon platzen. Nun übernimmst du
die Nadel. Steche nun ebenfalls – unter Anwendung eines Zauber-
spruches – die Nadel durch den übrig gebliebenen Luftballon.
Zur großen Verwunderung aller platzt er diesmal aber nicht!

Trick: Du hast vorher auf einen der Luftballons einen kurzen Klebe-
10 streifen geklebt und genau dieser Luftballon muss auch in deiner Hand
bleiben. Du stichst dann genau in den Klebestreifen, dann platzt
der Luftballon nicht.

2 Vervollständige die Karteikarten mit Stichpunkten.
Vergleiche sie mit den Karteikarten eines Partnerkindes.

Bild-Zeichen lesen und ordnen

1 Schau dir die Bild-Zeichen an.

a) Beschrifte die Bild-Zeichen.

| Museum | Burg | Bushaltestelle | Autofähre | Theater |

| Wandern | Angeln | Nebel | Regen |

Bushaltestelle

b) Ordne die Bild-Zeichen von oben den Oberbegriffen zu.
Male die Punkte in der richtigen Farbe aus.

● Wetter   ● Straßenverkehr   ● Sehenswürdigkeiten   ● Freizeit

2 Zeichne ein anderes dir bekanntes Bild-Symbol aus dem „Straßenverkehr"
und dem Bereich „Wetter". Erkennt es dein Partnerkind?

4 Säulendiagramme lesen und zeichnen

1 Die Klasse 3a stimmt darüber ab, welchen Stand sie am Schulfest anbieten wird. Jedes Kind hat nur eine Stimme. Beantworte die Fragen zum Schaubild.

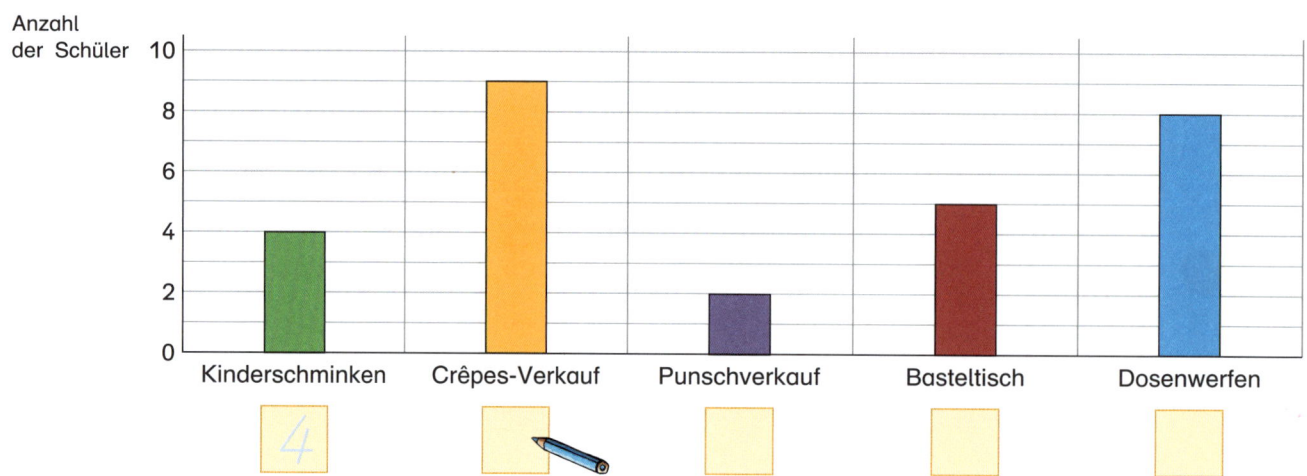

a) Wie viele Kinder möchten welchen Stand anbieten?
Trage die Schülerzahlen in die Kästchen unter den Säulen ein.

b) Wie viele Schüler sind in der Klasse 3a?

c) Für welchen Stand stimmen die meisten Kinder?

2 Die Schüler wurden zum Standdienst eingeteilt. Vervollständige das Schaubild.

Uhrzeit	13.00–14.00 **Aufbau**	14.00–15.00 **Verkauf 1**	15.00–16.00 **Verkauf 2**	16.00–17.00 **Verkauf 3**	17.00–18.00 **Abbau**
Schüler-anzahl	7	4	6	5	6

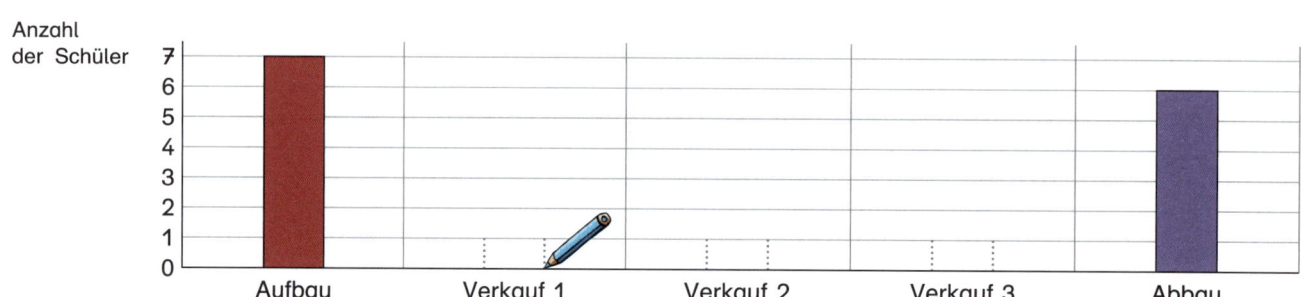

 3 Besprecht euch in der Gruppe: Vergleicht die Darstellungen.

4 Sich auf einem Stadtplan orientieren

1 Zeichne Valeskas Weg rot in den Stadtplan ein.

> Ich stehe am Bahnhof
> und laufe am Wochenmarkt vorbei direkt
> zur Stadtinformation. Danach folge ich der „Oberen Gasse"
> bis zur großen Kirche und biege links in die „Hofstraße" und gleich wieder
> links in Richtung „Poststraße" ab. Nun leihe ich mir ein Buch in der Bücherei aus
> und hole in der Post ein paar Briefmarken. An der Haltestelle gegenüber
> warte ich auf dem Bus. Er bringt mich auf dem kürzesten Weg
> ins Stadtmuseum.

2 Zeichne auch Mirkos Weg in Blau ein.

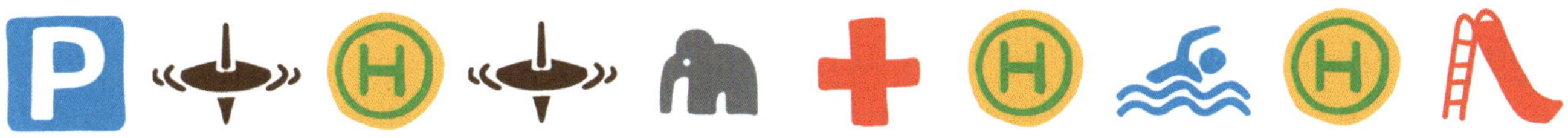

1 Lies den Prospekt.
Rahme die Informationen ein und verbinde sie mit den Fragen.

Was?

**LESETRÄUME
werden wahr**

beim

Bücherflohmarkt

in der

Ludwig-Thoma-Schule

13. – 14. März 2015

Öffnungszeiten:

Freitag: 15 bis 20 Uhr
Samstag: 9 bis 15 Uhr

Standgebühren:

Schulklassen: 5 Euro pro Stand.
Erwachsene: 5 Euro pro lfd. Meter.

Mitmachen kann jeder!

Bitte anmelden im Sekretariat

Wo?

Wann?

Wie teuer?

Wer?

2 Suche dir ein Partnerkind.
Stellt euch gegenseitig Fragen zu dem Prospekt und beantwortet sie.

5 Zusammengesetzte Wörter bilden

1 Trage die zusammengesetzten Wörter in die passenden Tabellen ein.

hellbraun	meterweit	himmelhoch	nasskalt	federleicht	dunkelblau

Bleistift	Ruderboot	Trinkglas	Uhrzeit	Laufrad	Wörterbuch

Nomen	+	Adjektiv		Adjektiv	+	Adjektiv
Meter		*weit*		*nass*		*kalt*

Nomen	+	Nomen		Verb	+	Nomen
Blei		*Stift*		*rudern*		*Boot*

2 Löse die Rätsel, setze die Wörter ein.

Der Saal, in dem man warten muss, ist der *Wartesaal* .

Ein Bad, in dem man schwimmen kann: .

Der Turm, der im Dunkeln leuchtet, ist der .

Der Schirm, den man bei Regen braucht: .

Das Tier, das seine Kinder säugt, ist das .

Der Zug, der sehr schnell fährt, ist der .

Das Haus, das sehr hoch ist: .

Der Stuhl, mit dem man fahren kann, ist der .

5 Im Wörterbuch nachschlagen

1 Ergänze den bestimmten Artikel. Schlage dazu die Wörter im Wörterbuch nach.

der Kosmos ____ Radiergummi ____ / ____ Teil

____ Vitamin ____ / ____ Liter ____ / ____ Jogurt

2 Suche die abgebildeten Wörter und die Mehrzahlform im Wörterbuch
und trage sie ein.

der *Traktor* die T____

der ____ die ____

der ____ die ____

die ____ die ____

3 Diese Wörter kannst du auf zwei Arten schreiben.
Du findest im Wörterbuch eine weitere Schreibweise. Trage sie ein.

Jogurt oder ____ Ketschup oder ____

4 Kreuze die richtige Schreibweise an. Benutze das Wörterbuch als Hilfe.

◯ Restorant	⊗ Restaurant	◯ Ristaurant
◯ Pyramide	◯ Püramide	◯ Pyramiede
◯ Graipfruit	◯ Grapefruit	◯ Greipfrut
◯ Dedektiv	◯ Dedektif	◯ Detektiv
◯ Karusell	◯ Karrusell	◯ Karussell

5. Ein Haiku schreiben

1 Überprüfe, welche der Gedichte Haikus sind.
Zähle dazu die Silben jeder Zeile und schreibe sie auf.

2 Rahme die Haikus ein.

Das Wort En-te hat zwei Silben.

Morgenstille hier | 5

sanfter Wind weht durch den Wald |

den Blick nach vorne |

Wer den August verschläft, |

wacht im Winter hungrig auf. |

Fluss |

Gleich ist schnell jetzt, |

Jetzt ist schnell eben, |

Gleich ist bald vorhin. |

Matthias Duderstadt

3 Schreibe ein Haiku in Schönschrift. Die Wörter im Kasten können dir helfen.

Regenwetter ✿ Sommer am Meer ✿ Blumenwiese ✿ Abendrot

 1 Lies beide Briefe. Finde fünf wesentliche Unterschiede und unterstreiche sie. Benenne und begründe die Unterschiede einem Partnerkind mit Fachbegriffen.

Ismaning, 12.12.2015

Hallo Bademeister,

ich war am Dienstag, dem 11.12. von 17:30 Uhr bis 19:00 Uhr
im Schwimmbad. Ich habe meine blaue Taucherbrille und meine
rote Schwimmnudel beim Kinderbecken liegen gelassen. Hast du
beides gefunden? Gibt es ein Fundbüro? Oder kannst du beides
ins Bademeisterzimmer legen? Ich komme nächste Woche wieder
und hoffe, dass ich alles wiederbekomme.

Svenja Müller

Svenja Müller ◎ Ahornweg 3 ◎ 85737 Ismaning

Ismaning, 12.12.2015

Fundsachen

Sehr geehrter Herr Bademeister,

ich war am Dienstag, dem 11.12. von 17:30 Uhr bis 19:00 Uhr
im Schwimmbad. Ich habe meine blaue Taucherbrille und meine
rote Schwimmnudel beim Kinderbecken liegen gelassen. Haben Sie
beides gefunden? Gibt es ein Fundbüro? Oder können Sie beides
ins Bademeisterzimmer legen? Ich komme nächste Woche wieder
und hoffe, dass ich alles wiederbekomme.

Vielen Dank!
Mit freundlichen Grüßen,
Ihre Svenja Müller

5. Einen förmlichen Brief schreiben

1 Lies, was Juri sagt.
Verfasse für ihn einen förmlichen Brief an die Direktorin seiner Schule,
Frau Herrmann. Achte auf die Merkmale eines förmlichen Briefs.

„Mein Freund aus der 4. Klasse hat vor einer Woche die Fahrradprüfung bestanden. Jetzt darf er trotzdem nicht mit dem Fahrrad zur Schule fahren, weil das an unserer Schule für alle Kinder verboten ist. Das finde ich sehr ungerecht! Wenn ich nächstes Jahr meine Fahrradprüfung mache, möchte ich mit dem Fahrrad zur Schule fahren! Ich habe nämlich einen ziemlich weiten Schulweg. Außerdem verstehe ich nicht, wozu ich die Prüfung dann eigentlich mache. Darf mir die Schule das Fahrradfahren überhaupt verbieten?"

2 Gib deinen Brief einem Partnerkind.
Es überprüft, ob du alle Merkmale eines höflichen Briefes eingebaut hast.

5. Einen Lebenslauf lesen und sortieren

1 Bringe den Lebenslauf in die richtige Reihenfolge.
Achte auf die Jahreszahlen.

Ein Leben für die Kunst

1	1840	Claude Monet wird am 14. November in Paris geboren.
2	1845	Claude zieht mit seinen Eltern nach Le Havre ans Meer.
	1859	Monet geht nach Paris zurück und studiert Malerei. Dort lernt er andere Maler und seine spätere Frau Camille kennen.
	1916	Er beginnt mit seinen berühmten Seerosen-Serien.
	1883	Endlich bekommt Claude Monet eine eigene Ausstellung, er wird immer bekannter. Er zieht mit seiner zweiten Frau Alice und den Kindern nach Giverny. Dort malt er viele Bilder im Garten.
	1878	Sein zweiter Sohn Michel erblickt das Licht der Welt.
	1926	Claude Monet stirbt am 5. Dezember in Giverny.
	1867	Sein erster Sohn Jean wird geboren.
7	1879	Seine Frau Camille stirbt.
	1872	Monet malt das Bild „Impression, Sonnenaufgang". Den Leuten gefällt es nicht. Sie bezeichnen seinen Malstil als „Schmierereien". Aber eine neue Kunstrichtung, der „Impressionismus", ist entstanden und das Bild wird später weltberühmt.

2 Lies den Text noch einmal in der richtigen Reihenfolge einem Partnerkind vor.

 43

1 Kreuze die richtige Antwort an, ohne im Steckbrief nachzuschauen.

Der französische Maler heißt

◯ Carl Monet ⊗ Claude Monet ◯ Claude Manet

Seine Geburtsstadt ist

◯ Paris ◯ Giverny ◯ Le Havre

Er malt viele Bilder

◯ in der Stadt ◯ in seinem Garten ◯ am Meer

Seine erste Frau heißt

◯ Alice ◯ Michele ◯ Camille

Sein Sterbedatum ist der

◯ 14. November 1840 ◯ 5. Dezember 1926 ◯ 14. Dezember 1940

Seine Söhne heißen

◯ Michael und Jan ◯ Michel und Camille ◯ Michel und Jean

2 Finde die Namen der beiden Bilder aus dem Steckbrief heraus.

6 Satzarten erkennen

1 Schreibe die passenden Satzzeichen in die Sprechblasen.

2 Setze die passenden Satzzeichen ein und benenne die Satzart.

Die Schule befindet sich in einem Schlossgarten

Aussagesatz

Wusstest du, dass es früher hier ein Schloss gab

Komm her und schau dir das Verlies in der Ruine an

Ob da wohl Leute eingesperrt waren

Puh, zum Glück sind diese Zeiten schon lange vorbei

6 Satzarten erkennen und schreiben

1 Schreibe die Sätze auf. Setze Punkt oder Fragezeichen am Satzende.
Schreibe Satzanfänge groß.

DER SEE IST ZUGEFROREN FAHREN DIE KINDER SCHON
SCHLITTSCHUH ICH SEHE SIE AUF DEM EIS EIN JUNGE IST
GERADE HINGEFALLEN HAT ER SICH WEH GETAN NEIN,
ES IST ZUM GLÜCK NICHTS PASSIERT

Der See ist

2 Lukas geht auf das Eis. Das ist aber an dieser Stelle des Sees verboten.
Schreibe Sätze, die Tim und Lisa ausrufen könnten.
Schreibe außerdem auf, was in dem Warnschild stehen könnte.

Achtung, Lukas! Du

Wörter mit V/v üben

1 Verbinde die Silben. Schreibe das Wort mit Artikel auf.

Kla	bindung	
viel	gel	
Vo	leicht	
Ver	vier	

2 Unterstreiche im Text alle Wörter mit **V / v**.
Sprich die **V / v**-Wörter laut.
Schreibe die Wörter getrennt nach ihrem Laut auf.

<u>Vielleicht</u> hätte der Vater nicht so schnell in die Kurve fahren sollen.

Jetzt liegt er im Graben! Im November sind die Straßen eben oft nass

und rutschig. Das alte Fahrrad ist nun vollständig kaputt. Und die Vase,

die in einer Tüte am Lenker baumelte, ist in viele Scherben zersprungen.

„Ich habe einfach die Bremse vergessen", seufzt der Vater. „Aber ab

jetzt werde ich immer brav und langsam fahren." Vorsichtig steht er auf

und streicht sich über den verschmutzten Mantel.

V / v klingt wie „w": _____

V / v klingt wie „f": *vielleicht* _____

_____

_____

3 Schreibe weitere **V / v**-Wörter
nach ihrem Laut geordnet in dein Heft.

AH Seite 50 Aufgabe 3
V/v klingt wie „w": ...
V/v klingt wie „f": ...

6 Wörter mit ß schreiben

1 Die Buchstaben der folgenden Wörter sind durcheinandergeraten.
Verbessere! Die Bilder helfen dir dabei.

kaßienneG *Gießkanne*

üFße

ßlFo

ßScheiw

rauStß

aßrSte

eibneß

eßeirn

2 Setze in das Sudoku ein.

weiße	Geißen	beißen	Füße

> Jedes Wort darf nur 1x in jeder Zeile, 1x in jeder Spalte und 1x in jedem bunten Feld vorkommen.

beißen			Geißen
		beißen	
Füße			weiße
	weiße		

3 Finde selbst Wörter mit **ß**.
Schreibe sie in dein Heft.

AH Seite 51 Aufgabe 3

Soße, ...

6. Eine eigene Meinung formulieren

1 Die Kinder der Klasse 3b bringen immer wieder Spielsachen mit in die Schule. Dabei gibt es oft Streit. Die Kinder beraten sich und sammeln Argumente dafür und dagegen. Lies die Argumente.

Spielsachen in der Schule: Ja oder Nein?	
Argumente dafür	**Argumente dagegen**
• Man kann sich mit anderen austauschen, die das Gleiche interessiert.	• Kinder geben mit ihren Sachen an.
• Man kann zusammen spielen.	• Andere Kinder können neidisch werden.
• Man kann lernen zu teilen.	• Kinder streiten sich um die Sachen.
• Man kann sich mit anderen an den Sachen freuen.	• Andere Kinder werden ausgeschlossen, wenn sie die Sachen nicht haben.

2 Überlege, ob du dafür oder dagegen bist, dass Spielsachen mit in die Schule genommen werden. Begründe deine Meinung mit dem Argument, das du am wichtigsten findest. Du kannst auch ein eigenes Argument finden oder schreiben, warum du unentschlossen bist.

Ich bin _____ , dass Spielsachen mit in die Schule

genommen werden, weil _____

_____ .

Ich bin mir nicht sicher, weil _____

_____ .

3 Suche dir ein Partnerkind, vergleicht eure Ergebnisse von **2** . Besprecht die Argumente von **1** .

4 Diskutiert die Argumente noch einmal in der Gruppe. Versucht, für die Klasse 3b eine Regelung zu finden.

1 Unterscheide zwischen einer Meinung und einer Tatsache.
Male die Felder vor den Aussagen rot (Meinung) oder blau (Tatsache) an.

> Eine **Tatsache** ist bewiesen, zum Beispiel:
> „Ein Bestandteil der Schokolade ist Kakao".
> **Meinungen** sind von der Person abhängig:
> „Kakao schmeckt super".

☐ Die Deutschen lieben Schokolade! Etwa 9,5 Kilogramm im Jahr isst jeder Bundesbürger.

☐ 9,5 Kilogramm pro Jahr – das ist doch viel zu viel.

☐ Die Lieblingssorte der Deutschen ist die Vollmilchschokolade.

☐ Aber ist das nicht seltsam?
Wo die weiße Schokolade doch viel besser schmeckt.

☐ Kakao, ein wichtiger Bestandteil der Schokolade, wächst in den Tropen. Dort ist es immer gleichmäßig warm.

☐ Der Kakaobaum ist nicht besonders schön anzusehen, finde ich.

☐ In den Tropen liegen viele arme Länder. Die Kakaobauern können oft kaum von ihrer Arbeit leben. Die Preise, die sie für ihren Kakao bekommen, sind in den letzten Jahren stetig gesunken.

☐ Um ihre Situation zu verbessern, gibt es den „Fairen Handel".
Dabei werden von den reichen Ländern faire Preise für den Kakao bezahlt, damit die Kakaobauern von ihrer Arbeit auch leben können.

☐ Jeder Mensch, der Schokolade isst, darf eigentlich immer nur fair gehandelte Schokolade essen.

6 Eine Lesetagebuchseite gestalten

1 Lies den Text und gestalte dazu einen Eintrag, indem du
- die Marzipanburg malst oder
- aufmalst oder aufschreibst, was zur Ausrüstung eines Ritters gehört oder
- aufschreibst, warum die Burg angegriffen wird oder
- …

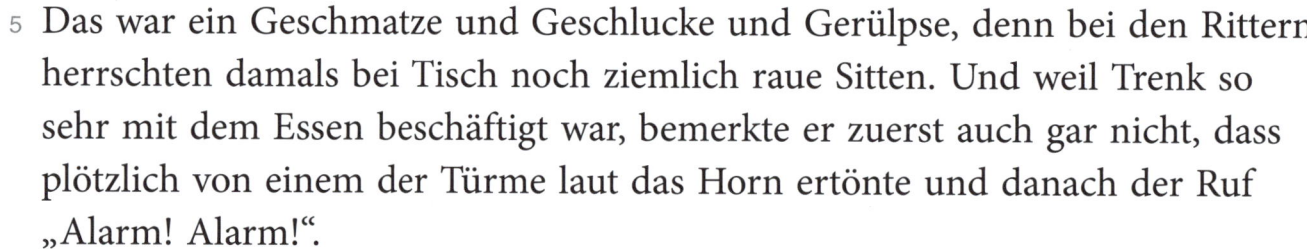

Der kleine Ritter Trenk

So ein Festmahl hatte Trenk in seinem ganzen Leben
noch nicht erlebt. Am Schluss kam sogar noch der
Oberkoch mit einer riesigen Burg aus Marzipan in
den Saal, da durfte sich jeder abschneiden und verspeisen, was er wollte.

5 Das war ein Geschmatze und Geschlucke und Gerülpse, denn bei den Rittern
herrschten damals bei Tisch noch ziemlich raue Sitten. Und weil Trenk so
sehr mit dem Essen beschäftigt war, bemerkte er zuerst auch gar nicht, dass
plötzlich von einem der Türme laut das Horn ertönte und danach der Ruf
„Alarm! Alarm!".

10 Als er sah, wie die gesamte Tafelrunde aus dem Saal rannte mit gezückten
Schwertern in der Hand, rannte Trenk ihnen nach. Alle starrten wie
angewurzelt auf das Burgtor, gegen das jetzt mit aller Wucht von draußen
ein Rammbock donnerte. Da sah Trenk plötzlich, wie zuerst eine Hand
auf der Mauerkrone erschien und sofort danach eine zweite.

15 Nun schwang sich auch noch ein Bein über die Mauer – und dann saß plötzlich ein Krieger im Kettenhemd nur zwei Schritte von Trenk entfernt zwischen
den Zinnen. Da begriff Trenk, dass die Angreifer kluge Leute waren, die
das Burgtor nur deshalb mit dem Rammbock bearbeiteten, damit sich alle
Verteidiger der Burg unten im Hof versammeln und sie dort erwarten sollten,

20 während sie in Wirklichkeit gleichzeitig an einer ganz anderen Stelle über die
Mauer kletterten, um gemein und überraschend von hinten anzugreifen.
„Achtung! Achtung! Achtung!", brüllte Trenk, aber das Einzige, was passierte,
war, dass jetzt der Krieger auf der Mauer auf ihn aufmerksam wurde und mit
einem richtig bösen Grinsen sein Schwert aus der Scheide zog. Trenk dachte

25 schon, dass sein letztes Stündlein geschlagen hätte. Aber er war kein Dumm-
kopf, der abwartetet, bis jemand kam, um ihm eins überzuziehen.

„Das habt ihr euch wohl so gedacht, ihr Saubeutel!", rief er und mit diesen
Worten löste er den Enterhaken von der Mauer. Da sackte die Strickleiter
lautlos nach unten und die Krieger, die eben noch so siegesgewiss auf ihren
30 Sprossen nach oben gestiegen waren, purzelten mit.
Und als die anderen Krieger sahen, was passiert war, gab es ein fürchterliches
Durcheinander und Geschrei. Die Krieger am Burgtor ließen den Rammbock
Rammbock sein und gaben Fersengeld, denn so hieß das damals. Da lag
die Burg wieder ruhig und friedlich unter einem goldenen Abendhimmel.
35 Und Trenk dachte, dass das für seinen ersten Tag als Ritterlehrling gar nicht
so schlecht gewesen war.

Kirsten Boie

6 Über eine literarische Figur nachdenken

1 Lies den Text. Male Friederike.

Es war einmal ein kleines Mädchen. Es hieß Friederike.
Es hatte sonderbare Haare. Ein paar Strähnen
waren so rot wie Paradeiser. Die Stirnfransen
hatten die Farbe von Karotten. Die meisten Haare
5 aber waren so rot wie dunkelroter Wein.
Außerdem hatte es Sommersprossen und war ziemlich dick.

"Paradeiser" sind "Tomaten" auf Österreichisch!

Friederike hatte eine dicke, rote, sehr große Katze. Die Katze hieß Kater und
lag den ganzen Tag auf einem Sessel und schlief. Die Katze gehörte eigentlich
der Tante, bei der Friederike wohnte. Die Tante war noch älter als die Katze
10 und hieß Annatante.

Der Annatante und der Katze kam Friederike wie ein ganz normales Kind vor.
Alle anderen Leute aber lachten, wenn sie Friederike sahen.
Besonders die Kinder.

Die riefen: „Da kommt die feuerrote Friederike! Feuer, Feuer!
15 Auf der ihrem Kopf brennt's! Achtung, die Rote kommt!"

Wenn Friederike ihre Haare unter einem Hut versteckte, nützte das auch nichts.
Sie hatte schon ausprobiert. Ein paar Augenblicke waren die Kinder still,
aber dann lief ihr der kleine Wilhelm nach und schrie: „Das gilt nicht!
Das gilt nicht!"

20 Dann riss er ihr den Hut vom Kopf. Da lachten die anderen Kinder,
und alle schrien: „Das gilt nicht! Das gilt nicht! Bäähhh!"

Nur der Briefträger lachte nicht über Friederike. Er bemerkte nicht einmal,
dass Friederike rote Haare hatte, denn er war farbenblind. Das wusste Friederike
aber nicht. Er sagte das keinem Menschen. Nicht einmal seiner eigenen Frau.

25 Der Briefträger war Friederikes Freund. Wenn er die vielen Stufen zu
der Annatante hinaufgestiegen war, war er sehr müde. Er setzte sich dann
zu Friederike in die Küche und trank Kaffee mit ihr. Er erzählte ihr vom
Briefeaustragen, von seiner Frau, vom Postdirektor und von den Kindern.

Christine Nöstlinger

2 Schreibe deine Meinung auf und begründe.
Wie findest du das Verhalten der Kinder?

Ich finde das Verhalten der Kinder

3 Suche dir ein Partnerkind. Vergleicht eure Meinung von ②.

4 Sucht euch weitere Kinder. Besprecht eure Meinungen.
Überlegt euch gemeinsam, wie ihr Friederike helfen könntet.

1 Unterstreiche im Text die wörtliche Rede blau und die Redebegleitsätze rot.

Ein Hase und eine Schildkröte liefen einen kleinen Weg gemeinsam.

Der Hase spottete: „Bist du langsam! Du brauchst ja eine Ewigkeit."

Die Schildkröte erwiderte: „Lach nicht über mich!"

„Ich kann sogar schneller sein als du."

5 Der Hase sagte: „Das kannst du nicht."

Die Schildkröte sagte: „Oh doch!"

Der Hase bot an: „Gut, dann lass uns um die Wette laufen.

Aber ich werde natürlich gewinnen."

2 Setze die passenden Satzzeichen ein.

Schildkröte und Hase baten den Fuchs das Startzeichen zu geben.

10 Er rief Achtung – fertig – los!

Der Hase rannte schnell los und sagte zur Schildkröte

Tschüss, bis später!

Sicher über seinen Sieg machte der Hase eine Pause und erklärte

einer Ameise am Weg   Ich gewinne eh, dann kann ich auch

15 ein wenig ausruhen. Kurz darauf war er fest eingeschlafen.

Die Schildkröte dagegen sprach zu sich selbst   Immer weitergehen,

nicht stehen bleiben. Du schaffst das.

Als der Hase erwachte und die Situation erkannte, rannte er

so schnell los, wie er konnte. Doch da war die Schildkröte

20 schon im Ziel und sagte   Gewonnen!

7 Kurze Gespräche in wörtlicher Rede notieren

1 Kreise die Verben ein, die zum Wortfeld sagen passen.

W	L	U	B	Q	Z	M	A	T
E	S	C	H	R	E	I	T	R
I	R	S	U	L	E	B	I	Ö
N	L	F	R	A	G	T	W	S
T	H	O	T	A	D	J	O	T
E	J	U	B	E	L	T	K	E
A	N	T	W	O	R	T	E	T

Ich habe sechs
Wörter gefunden.

2 Ergänze jeden Redebegleitsatz mit einem passenden Verb.
Setze die Anführungszeichen bei der wörtlichen Rede.

Der Sohn [＿＿＿＿＿＿＿＿＿＿＿＿] :

   Huhu, mein schöner Schneemann.

Der Vater [＿＿＿＿＿＿＿＿＿＿＿＿] :

   Dem Übeltäter stellen wir eine Falle.

Der Sohn [＿＿＿＿＿＿＿＿＿＿＿＿] :

   Wie denn?

Der Vater [＿＿＿＿＿＿＿＿＿＿＿＿] :

   Pass auf!

Der Vater [＿＿＿＿＿＿＿＿＿＿＿＿] :

   So geht es nicht.

Der Sohn [＿＿＿＿＿＿＿＿＿＿＿＿] :

   Du warst prima!

1 Finde das Satzende und setze die Punkte ein.
Markiere den Buchstaben am Satzanfang.

gestern ging alles schief. zuerst habe ich verschlafen und

hatte keine zeit für das frühstück dann fuhr mir der bus fast

vor der nase weg in der schule merkte ich, dass ich mein sportzeug

vergessen hatte deshalb bekam ich ärger mit dem turnlehrer

und durfte nicht mitmachen dabei ist sport mein lieblingsfach

2 Unterstreiche alle Nomen und schreibe den Text richtig auf. Sprich in Silben.

Gestern

Den Aufbau einer Geschichte erkennen

1 Hier findest du Textteile von zwei Geschichten.
Rahme **Erzählsituationen**, **Ereignisse** und **Ausgänge** in verschiedenen Farben ein.

4 Er starrte an die Zimmerdecke.
Was war das? Bewegte sich da nicht etwas?
Ein Schatten glitt über Decke und Wände.
Immer wieder veränderte sich seine Form.
Bald war es ein Drache, ein Monster,
ein Geist. Er kam näher und näher.
Lukas zog die Beine zu sich heran.
Nur keine hastigen Bewegungen. Er versuchte nach seiner Mutter zu rufen,
aber es kam nur ein krächzender Laut
aus seinem Mund. „Hilfe!", …

2 Da fielen sich die drei
in die Arme. Papa putzte sich
die Nase und Mama wischte
sich die blaue Farbe aus dem
Gesicht. Egal, was nun kam,
sie würden zusammenhalten.
Immer!

1 Es war an einem Mittwoch.
Lukas lag im Bett und langweilte sich. Krank sein, schön
und gut, aber in den Ferien
krank sein war blöd!

3 Als Julian morgens zur Schule aufbrach,
war alles wie immer. Mama saß noch
mit einer Tasse Kaffee und der Zeitung
am Tisch, Papa packte seine Brotdose
in den Rucksack und blickte auf die Uhr.

2 Schreibe auf, welche Textteile zusammengehören.

Textteil ___1___ und Textteil _____ . Es fehlt folgender Teil: _____ .

Textteil _____ und Textteil _____ . Es fehlt folgender Teil: _____ .

3 Wähle eine Geschichte aus. Sammle Stichpunkte für den fehlenden Teil.

_____

_____

_____

_____

7 Einen Text vortragen üben

1 Unterstreiche die wörtliche Rede so: die wütenden Worte
des Zauberers rot, die freundlichen Worte des Hasen blau.
Lies dann nur die wörtliche Rede laut vor.

*Der Zauberer Kotzmotz ist unglaublich wütend und tritt mit
zornglut-funkelnden Augen laut schimpfend vor seine Tür.*

„Entschuldige!", / sagte der kleine Hase, / „**könntest** du

wohl ein kleines bisschen zur **Seite** treten, / du stehst nämlich

direkt vor der **Sonne**, / und dein Schatten ist **groß** und **kalt**." //

Der Zauberer traute seinen **Augen** nicht. / Da stand ein **Winzling** von

5 einem zerzausten Hasen **vor seinem Haus** / und wich nicht **eine** Kiesel-

steinlänge vor ihm zurück. / Und dieser **Winzling** von einem zerzausten

Hasen, / dessen Ohren es noch **nicht** einmal schafften, auf gleicher

Höhe zu stehen, / wollte, dass **ER**, / **der Zauberer Kotzmotz**, / aus der

Sonne ging? //

10 Und er reckte sich **noch** höher, / sodass der kleine Hase **noch** kleiner und

noch tiefer unter ihm stand / und **schrie**: // „**DU-HÄSSLICHSTER-WICHT-**

VON-EINEM-HASEN-DEN-DIE-WELT-JE-GESEHEN-HAT-VERSCHWINDE-

SONST-MACH-ICH-SCHNECKENSCHISS-AUS-DIR!" //

„**Ooooh**!", / staunte der zerzauste Hase, / der **nichts**, / aber auch nicht

15 eine **einzige** Silbe von dem langen Wort verstanden hatte. //

„**Ooooh**!", / sagte er, / „dieses lange Wort habe ich noch **nie** gehört, / aber

ich muss dir sagen, / es klingt **gar** nicht gut."

Brigitte Werner

2 Lies nun den ganzen Text einem Partnerkind vor.
Betone die hervorgehobenen Wörter deutlich, aber nicht übertrieben.
Mache kleine Pausen bei / und deutliche Pausen bei // .

7 Eine Fabel nachvollziehen

1 Lies die Fabel.

Die Hasen und die Frösche

Eine Horde Hasen tat sich einmal zusammen. Sie jammerten gemeinsam
über ihre Ängstlichkeit, die ihnen das Leben so schwer machte.
„Dauernd müssen wir uns fürchten: Vor den Füchsen, den Hunden
und den Adlern … ja, vor allen Raubtieren! Nichts kann man genießen,
5 dauernd ist man auf der Flucht."
„Wie recht du hast!", klagte ein anderer. „Mit dieser ständigen Angst
lässt es sich unmöglich leben. Lasst uns lieber sofort sterben!"
So hoppelten sie gemeinsam zum nächsten kleinen See, um sich zu ertränken.
Die herannahende Horde Hasen erschreckte aber einige Frösche,
10 die gerade am Ufer saßen. Mit lautem Platschen und Gequake
sprangen sie ins Wasser.
„Halt!", rief da einer der Langohren. „Seht ihr das? Es gibt Tiere, die sich
tatsächlich vor *uns Hasen* fürchten! Ihnen muss es noch schlechter gehen
als uns – und sie leben immer noch. Da können wir den Tod
15 vielleicht auch noch ein wenig aufschieben."

Nach Äsop

2 Beantworte die Fragen mit einem Partnerkind.

a) Worüber klagen die Hasen?

b) Überlegt, wie sich die Hasen am Anfang der Geschichte fühlen.
   ⬤ gelangweilt   ⬤ böse   ⬤ ohne Hoffnung

c) Warum springen die Frösche ins Wasser?

d) Warum ertränken sich die Hasen am Schluss doch nicht?
   ⬤ Weil es sie beruhigt, dass es anderen scheinbar noch schlechter geht,
   als ihnen selber.
   ⬤ Weil sie merken, dass Angst eigentlich doch nicht schlimm ist.

8 Subjekte erfragen, Satzglieder ergänzen

1 Schreibe die Sätze. Unterstreiche das Subjekt blau und das Prädikat rot.
Ergänze die unvollständigen Sätze mit passenden Satzgliedern. Das Bild hilft dir.

| Der Schulbus bremst. | Der Hausmeister repariert. |

| Marie lacht. | Tim zeigt. | Lisa bewundert. |

2 Setze die Satzglieder auf verschiedene Arten zu einem Satz zusammen.
Unterstreiche in jedem Satz das Subjekt.

| Tom | kommt | heute | zu spät |

Tom

8. Subjekt und Prädikat erkennen

1 Unterstreiche Subjekt und Prädikat in verschiedenen Farben.

| Die Schule | veranstaltete | eine Sportwoche. |

| Sportler aus verschiedenen Vereinen | besuchten | die Schüler. |

| Begeistert | waren | alle | bei der Sache. |

| Zum Abschluss | feierte | die ganze Schule | ein Sportfest. |

2 Stelle jeden Satz so um, dass das Subjekt am Satzanfang steht.

Die Schule

3 Versuche die Sätze so weit wie möglich zu kürzen. Welche Prädikate fordern weitere Satzglieder? Vergleiche mit einem Partnerkind.

Die Schule

47

1 Ergänze die fehlenden Buchstaben. Trage das Strategiezeichen ein, das hilft die richtige Schreibweise zu finden.

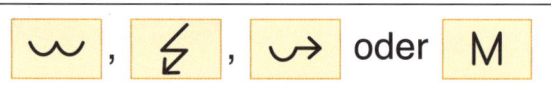 oder M

Jedes Strategiezeichen muss sechs Mal eingetragen werden.

Dabei sein ist alles

M [ ] [ ]

Jede ✷✷ortart hat ihre Anh✷nger. Daher ✷✷geistert

[ ]

eine Weltmei✷✷erschaft Jung und Alt. Es ist egal,

[ ] [ ] [ ]

ob Fußba✷✷ gespielt wird, We✷✷k✷mpfe in der

[ ] [ ]

Leichtathletik stattfinden oder T✷nzer anmuti✷

[ ]

5 durch den Tanzs✷✷l schweben.

[ ] [ ] [ ]

✷iele Besu✷✷✷r auf den Zuschauerr✷ngen

[ ] [ ]

schwenken ihre Fa✷nen. Manche Fans sind ✷öllig

[ ] [ ]

aus dem H✷✷schen und halten Spruchb✷nder

[ ] [ ]

in die Höhe. Sie kla✷✷✷✷en und jubeln wie wil✷,

[ ]

10 wenn ihr Superstar an der R✷✷✷e ist.

[ ]

Doch ganz gleich wer gewi✷✷t, so ein Sportfest

[ ] [ ] [ ]

ist für a✷✷e Teilne✷mer ein besonderer Erfol✷.

1 Umkreise die richtige Schreibweise.
Markiere die richtige Strategie und beweise deine Entscheidung.

Wort	Strategie	Beweis
der Sta☆: Stam oder (Stamm?)	⌣ In Silben schwingen (P) ⚡ Ableiten von einem verwandten Wort (R) ↪ Weiterschwingen des Wortes (E) M Merkwort (kein Beweis!)	*Stamm,* *die Stämme*
der Fu☆: Fuß oder Fuss?	⌣ In Silben schwingen (A) ⚡ Ableiten von einem verwandten Wort (E) ↪ Weiterschwingen des Wortes (U) M Merkwort (kein Beweis!) (L)	
die M☆se: Meuse oder Mäuse?	⌣ In Silben schwingen (S) ⚡ Ableiten von einem verwandten Wort (E) ↪ Weiterschwingen des Wortes (R) M Merkwort (kein Beweis!) (F)	
der Bli☆: Blitz oder Bliz?	⌣ In Silben schwingen (O) ⚡ Ableiten von einem verwandten Wort (I) ↪ Weiterschwingen des Wortes (F) M Merkwort (kein Beweis!) (A)	
das Moto☆ad: Motorrad oder Motorad?	⌣ In Silben schwingen (A) ⚡ Ableiten von einem verwandten Wort (S) ↪ Weiterschwingen des Wortes (N) M Merkwort (kein Beweis!) (L)	
run☆: rund oder runt?	⌣ In Silben schwingen (A) ⚡ Ableiten von einem verwandten Wort (T) ↪ Weiterschwingen des Wortes (N) M Merkwort (kein Beweis!) (U)	
die Oli☆e: Olive oder Oliwe?	⌣ In Silben schwingen (S) ⚡ Ableiten von einem verwandten Wort (E) ↪ Weiterschwingen des Wortes (N) M Merkwort (kein Beweis!) (T)	

Lösungswort: E _ _ _ _ _ _

8 Rechtschreibfehler finden

M ↪ ⚡ ∿

1 Vergleiche die beiden Texte. Markiere die Fehler im rechten Text.

a) Trage die passenden Strategiezeichen (3x ∿ , 5x ↪ , 1x M) ein.

b) Ergänze zwei fehlende Satzzeichen.

Umzug aufs Land	*Umzug aufs Land*
Caro sitzt auf der Gartenmauer.	*Caro sizt auf der Gartenmauer.*
Sie sieht den Möbelpackern zu.	*Sie sieht den Möbelpakern zu.*
Eine Kiste nach der anderen	*Eine Kiste nach der andren*
tragen sie in das neue Haus.	*tragen sie in das neue Haus.*
Papa wollte unbedingt hierher.	*Papa wolte unbedingt hierher.*
Aufs Land, wo sich bestimmt	*Aufs Lant, wo sich bestimmt*
kein Ganove hinverirrt. Denn	*kein Ganowe hinverirt. Denn*
Papa ist Kriminalkommissar.	*Papa ist Kriminalkomissar.*
Da hat er genug Aufregung	*Da hat er genug Aufregung*
den ganzen Tag, findet er.	*den ganzn Tag, findet er.*
Caro seufzt: „Bestimmt wird es	*Caro seufzt: Bestimt wird es*
hier furchtbar langweilig …"	*hier furchtbar langweilig …*

Sabine Kalwitzki

8 Unterschiedliche Satzanfänge nutzen

1 Lies die Textbausteine durch. Finde die richtige Reihenfolge.
Unterstreiche die Satzanfänge.

Ich freute mich mit ihr
im Bett Gruselgeschichten
zu lesen.
Ich schlief bald ein.

1 Ich durfte letztes Wochenende
bei meiner Freundin übernachten.

Ich hörte lautes Lachen.

Ich wurde von einem Geräusch
geweckt.

Ich schaute und sah meine
Freundin im hell erleuchteten
Zimmer mit einem Brot in
der Hand stehen. Ich erfuhr,
dass sie in der Küche den
Lichtschalter nicht gefunden
hatte.

Ich hörte Klappern und Schritte
und bekam schreckliche Angst.

Ich zog mir die Bettdecke
über den Kopf.

2 Schreibe die Geschichte abwechslungsreich.
Notiere deine Vorschläge in den Kästen von **1**.
Vergleiche mit einem Partnerkind.

3 Überlegt in der Gruppe: Was macht
eine abwechslungsreiche Geschichte noch aus?

Diese Wörter
können helfen:
plötzlich, dann,
darauf, am Ende,
danach …

8 Einen Text überarbeiten

1 Suche dir ein Partnerkind. Überarbeitet den Text als **Rechtschreib-** und **Ausdrucksexperte**.

> Ich markiere falsch geschriebene Wörter und schreibe sie richtig darüber. Wenn ich unsicher bin, kann ich das Wörterbuch benutzen.

> Sind die Satzanfänge abwechslungsreich? Stehen die Verben in der richtigen Zeitform? Werden Wiederholungen und gleiche Wörter vermieden?

Ein nasses Vergnügen

In den Ferien waren meine Eltern mit meiner Schwester Anna und mir

Vergnügungspark *schön*

in einem Vergnühgungspark. Dort war es sehr gemütlich.

Wir   erforschten

Anna und ich schritten zum Piratenschiff. Anna und ich erforschen

das Schiff. Anna und ich spielten darauf Versteken.

Anna suche zuerst mich. Sie sprach: „Wo bist du?" und suchte überall.

Vom Krähennest aus sieht sie mich endlich.

Anna sagte: „Ich hab dich!" und steigt zum Bug des Schiffes.

Ich wollte ihr endkommen. Ich fiel dabei ins Wasser. Ich tönte: „Hilfe!"

Mein Vater rettet mich. Er zog mich an den Armen wieder auf den Kahn,

namm mich in den Arm und beruhigt mich.

8 Bücher zu Themen ordnen

1 Lies die Klappentexte und ordne die Bücher den richtigen Themen zu.

William wollte eigentlich nur sein Taschengeld aufbessern, als er auf dem Schiff „Amandaganda" das Deck schrubbt. Doch dann wacht er mit dröhnendem Schädel in der Kajüte des Kapitäns wieder auf und sein ganzes Leben steht plötzlich auf dem Kopf … Eine Geschichte wie eine Achterbahnfahrt: wahnsinnig lustig, irres Tempo, unglaublich aufregend und voller Überraschungen.

Mimun hat immer wieder Probleme in der Schule: Den einen ist er zu schlau, den anderen zu still und mit seiner Begeisterung für Technik und Computer steht er auch ziemlich alleine da. Mir egal, denkt Mimun, und grenzt sich immer mehr von der Außenwelt ab. Doch dann kommt der Sitzenbleiber André in seine Klasse. In ihrer Not tun sich die beiden zusammen – und bemerken bald, dass sie ein ziemlich unschlagbares Team sind.

Wie verbringen Astronauten ihren Tag? Wohin reisen Astronauten? Wie fühlt sich der Weltraum an? Wie kann man Astronaut werden? Gibt es Außerirdische? Geht mit uns auf eine Reise: Besucht den Mars, bastelt ein Raumschiff nach und erfahrt alles über die Raumfahrt in ihrer Geschichte, Gegenwart und Zukunft.

Ich leihe gerne Spiele aus! Welche Medien magst du am liebsten?

Einsterns Schwester 3

Grundschule Bayern

Arbeitsheft

Vereinfachte Ausgangsschrift

Herausgegeben von:	Roland Bauer, Jutta Maurach
Erarbeitet von:	Redaktion Grundschule, München
Auf der Grundlage der Ausgabe von:	Wiebke Gerstenmaier, Sonja Grimm, Ursula Oswald, Annette Rothfuß
Unter Beratung von:	Enno Hörsgen, Langerringen; Dr. Klaus Metzger, Gersthofen; Dr. Helga Rolletschek, Brunnthal; Prof. Dr. Angelika Speck-Hamdan, München
Unter Begutachtung von:	Sandra Kroll-Gabriel, Ingolstadt
Redaktion:	Anemone Fesl, Christine M. Kaiser
Illustration:	Yo Rühmer, Frankfurt am Main
Umschlaggestaltung:	Cornelia Gründer, agentur corngreen, Leipzig
Layout und technische Umsetzung:	lernsatz.de

www.cornelsen.de

2. Auflage, 2. Druck 2023

Alle Drucke dieser Auflage sind inhaltlich unverändert
und können im Unterricht nebeneinander verwendet werden.

© 2015 Cornelsen Schulverlage GmbH, Berlin
© 2021 Cornelsen Verlag GmbH, Berlin

Druck: Athesiadruck GmbH

ISBN 978-3-06-083547-8